JN441216

경험이 그렇게 일러주었으므로

홍정연 시집

문학의전당 시인선
403

경험이 그렇게 일러주었으므로

홍정연 시집

문학의전당

시인의 말

어쩌면 이곳의 풍토가 좋지 않았는지 모른다.
나는 오래 썩었고
불화와 불일치들을 사랑했다.

그것이 나의 힘이었고
나는 울보가 되었다.

2025년 12월
홍정연

차례

제2부

제3부

제1부

패총

바지락 한 사발 얻었다

찬 없는 부엌이 소란해진다
부르르 들썩이더니 살이 열린다

밥상 모서리에
당신과 마주 앉아 쌓아 올린 조개껍데기

쓸어모아 마당 한쪽에 던져놓고 들어온다

희끄무레 짚어지는
이 저녁이 그리워 지끌거리는 날 있을까

층층 파묻힌 끼니

띠를 이룬다

이석

무엇과 정통으로 부딪힌 일도 없는데 금이 생겼다

피할 것들을 모조리 전속력으로 받아들인
빛을 향해 돌진한 벌레들은
땅에 떨어지고도 아무렇지 않게 깨어났지만

무심히 채집통을 흔들듯 머리채를 흔드는 돌
원래의 자리로 돌려놓기 위해
어머니는 조심조심 한쪽으로만 고개를 기울였다

앙상한 골짜기 잔바람 모여들어
멀리까지 어머니를 떠밀어버리는 날이 있다

어머니는 아무도 곁에 오지 못하게 했다
잘못 들어선 회전문에 갇혀 나가는 길목을 수없이 놓치고
서야
신물 누르며 뜨끔뜨끔 두 발을 내딛었다

커튼이 내려진 방은 어질러진 것 하나 없이 고요하다

웃는지 우는지 모를 얼굴로
어머니는 겨우 귓속말처럼 속삭였다

균열이 생긴 몸에서 떨어져나온
파편을 찾고 싶었다

거미

빈 그물이 시무룩하게 출렁인다
마지막 먹이조차 기억하기 어려운 허기
그 턱에 깨물려 꽤 많은 시간이 몸부림쳤다
오랫동안 절망을 반복해 오며
거미는 공중에 점점 커다란 육체를 늘어뜨렸다
더 멋진 솜씨로 수예를 뽐냈다
굶주린 그의 목구멍을 꼭 닮은
바람의 편물을 펼쳐놓고 정교하게 허공을 메워갔다
이 작품의 시작과 끝이 되고 싶어
매듭처럼 줄곧 고정돼 있기도 했다
침샘이 뻐근하도록
숨어서 노려보는 여러 개 인내심 많은 눈동자
마주하는 날에는 누구도 이 덫에서 빠져나오지 못할 것이다
그는 충분한 양의 외로움에 포위되었다
몸을 뚫고 들어오는 이빨
푸짐한 이 울음

묵을 쑤다

마음이 가라앉아 떠오르지 않는 날
묵을 쑤어 먹기로 하고 묵직한 기분을 불에 올린다
마음을 익혀내려면
맹탕이다 싶게 묽게 잡아야 한다
가끔씩 저어주지 않으면 그대로 바닥에 눌어붙고 만다
마음이 데워진다
가루처럼 날리던 마음이 차츰 엉기기 시작한다
이제부터는 불을 줄이고 자리를 지켜야 한다
지켜 서서 폭폭
새 몸을 알아보아야 한다
그릇을 고를 일이다
모양을 잡아야겠다

눈물의 전염

폭격을 맞아 부서진 기억 속을 몇 해 머무르셨다

감자 덩어리 넘어가듯 세월은 소화가 더뎌
이따금 식사를 거르시던
할머니의 공복

벽을 보고 돌아누운 긴 잠

수장고 쇼케이스에 든 유물을 보듯
사람들은 할머니를 들여다보고 갔다

백 세를 넘길 거라는 짐작은 모두 틀렸다
뼈들을 일으켜 세우고 싶어 하던 안간힘
할머니는 지팡이를 벽에 세워둔 채 이불 속에서 조금 더 말라가다가
하나 남은 소원을 이루셨다

한평생이 진물처럼 흘러나온 할머니 자리는 따뜻했다

살을 닦으며 아버지는 젖은 성냥처럼 울음을 터트렸다

풀들의 뿌리를 걷어내고 만든 구멍을 나오는 길

뒤꿈치 접힌 노란 단화 한 켤레
현관문 앞에서 오래 욕창을 앓고 있었다

생리증후군

잠은 늘 꿈을 남겨서 성가셔
온종일 아무런 징조도 없는데 괜한 의심이 생기거든

오늘 밤은 송곳니를 벗어두고 자고 싶어
내 그림자를 보고도 사납게 물어뜯었으니까
이거 봐 스타킹에서 망치랑 톱이 나와

보름 전 불 사그라든 몸
쇳물 대신 가득 울음을 끓여
고함을 치며
함부로 불똥을 던지더니
뱃속에 고로(高爐)가 있다는 게 얼마나 위험천만해

어떨 땐 누가 나를 향해 소화기를 쏘아 주었으면 했어

할머니 또 수도꼭지를 틀어놓았네
이부자리가 온통 이끼야 미끄럽고 비려
이맘때 가시밭엔 잇꽃이 피었던가

손가락을 짚어봐

근데 엄마
대문은 잠근 거야?

둔덕

버려진 꽃밭
알뿌리 해골처럼 내밀었다

감각 없던 발가락이 문득 간지러워
몇 걸음 걷는 시늉

지팡이 부축 나온 노인은
그새 소변이 급하다

들어가지 마시라는 표지판
한쪽에 자빠져 있다

환해지는 세상 알 길 없이
지린내 나는 흙에
코를 박았다

절벽 묘지*

높은 벼랑 한가운데
장례를 마친 관이 걸려 있다

하늘과 가장 가까운 곳

죽은 이를 남겨두고
발자국들은 모두 돌아갔다

생전에 쓰던 의자며 숟가락도 함께 매달린다

바람처럼 가벼워지는 육신에게
이끼와 덩굴이 다가온다

---

*필리핀 사가다 지역의 독특한 장례문화로 관을 절벽에 매다는 전통이 있다고 한다.

게으른 씨앗

씨앗은 화분 속에서 공상을 오물거린다
말라비틀어진 어미의 젖에서 굴러떨어져 이곳까지 왔다
그런데 이게 뭐람
대관절 아무 일도 일어나지 않았다
씨앗은 연신 하품이 나왔다
오래전 풀 한 그루를 뒷바라지하고 늙어버린
흙이 혀를 찼다
이보게, 모든 것은 열매로 이어진다네
많은 씨앗들이 그것을 증명해 왔다고 흙은 두런거렸다
씨앗은 뒤통수를 긁적거렸다
숱한 밤들이 그윽하게 입김을 불어주었건만
머리맡을 아무리 살펴보아도 떡잎 하나 보이지 않았다
아직 때가 아니라면 처음부터 글러 먹었다는 얘기
흙의 근심을 모를 리 없다
씨앗은 애써 휘파람이라도 불고 싶어졌다
흙이 언성을 높였다
그렇게 근성이 부족해서 도대체 뭐가 되겠나
참으로 딱하군 그래

못마땅할 때마다 하는 소리가 건너왔다
씨앗은 철들지 않기로 결심했다
비어가는 제 속을 들키고 싶지 않았다

연어

평생 외지를 떠돌았습니다
자동차가 멈춘 곳은 그가 태어난 집 앞
젖빛 안개가 산허리에 맺힙니다

여기까지 오는 동안 많은 용기가 필요했다고
그는 다 뜯어진 입으로 지나온 여정을 말하고 싶었습니다

외롭고 위태로웠던 어느 유턴 지점
공회전하고 있던 그에게 때마침 신호를 보내주었을까요
단지 이곳에서 태어났다는 증언만을 향해 달려왔습니다

보잘것없는 모퉁이를 지나오는 사이
세상의 묵직한 습성은 금방 헐거워졌습니다
가쁘고 얕은 호흡만이 남을 무렵
치어였을 때처럼 그의 두 뺨이 붉어졌습니다

이토록 살갑게 안아주는 물살을 여태껏 만난 적이 없습니다
아득한 냄새를 맡습니다

뚜렷하던 길들이 뿌옇게 지워집니다
그는 더는 바랄 것이 없다는 얼굴로 가라앉습니다

추락 주의 구간

길의 변덕에 못 이겨
성급한 바퀴들은 갓길 아래로 뛰어내렸다
바닥에는 검게 문질러진 비명만 남고
심하게 손상된 채 기슭에서 구조되거나 운구되었다
조금 더 튼튼한 난간이 세워졌지만
쟁반 같은 길은 단단히 조인 신발을 벗겨놓았다

커브 길은 다시 나타날 것이다

누구신가

촘촘히 안전표지판
세우고 있는 당신

이주

나무 한 그루 트럭을 탔다
좌석도 아니고 입석도 아닌
얼마나 달려왔는지 아스팔트에 쓸려
드문드문 찰과상을 입었다
십수 년을 살았을 나무의 세간은 흙 보따리 하나
눈 감고 귀 막고
지금은 나무가 아니고 싶다
하늘에서 무성한 가지를 떼어내느라
나무는 보통 고단한 게 아니다
숲을 떠나오면서부터 신호등마다 멀미가 일었다
교차로에 송진 냄새를 가득 내려놓고
트럭은 직진 신호를 받는다

정적

방아깨비를 밟을 뻔했다

어쩌다 반 토막이 된 채
총명하게 빛나는 눈

수상하다 싶으면 당장에라도 튀어 오르겠지

그러나 검은 피는
그를 바닥에 붙여 놓았다

아무렇지도 않다는 듯
홀로 견디고 있는 사경

금방 머리를 잃은 몸뚱이가
가던 길을 조금 더 나아가 주던
그 몇 걸음을 목격하고부터

도무지 이길 것 같지 않은

천적과 나 사이

온 힘을 다해 부릅떠본다

반딧불이

—무명순교자묘

외딴 공소 앞은 어두움 깊고
뒷산에 흩어진 이름 없는 묘
웅크려 한밤 이슬에 젖는다

무서운 옥살이 끝에
나란히 묻히지 못한 가계
교우들 달 그늘에 숨어
가슴에 묵주를 묻어주었다

한 번도 가본 적 없는 길
나아간 얼굴 없는 이들
무덤가 불티처럼 태어나
선명한 푸른 빛을 긋는다

소망의 집

머리 깎는 날

노인은 한사코 자리에서 일어나려 한다

잃어버린 애를 찾으러 가는
무릎이 발발 떨린다

한쪽으로 오래 누웠던
뒤통수에서 떨어지는
잿더미

타고 남은 자리가
미지근하다

오르골

그 무렵은 전에 없이 추워 골목골목 보일러가 터졌고
서로의 온기를 수배해 하나둘 자취방에 모여들었다

헌책들로 가득한 선배의 책꽂이를 우러러보다가
혼자 마신 술병과 꽁초들을 세어보다
전기밥솥에 늦은 밥을 안치던 밤

숯불 밑에 놔둔 감자같이
서로의 속살을 푹푹 찔러 보며
설익은 줄도 모르고 식어가던 겨울이었다

골목은 자주 사글세를 놓는다는 소식을 덧칠했다

금방 지워지는 입김으로 시를 쓰며
겨우 불씨만을 남길 열망을 지피기 위해
언 손으로 하나하나 장작을 줍고 다녔다

그 무렵 우리는 단단히 외투를 걸치고

가파른 언덕길을 올라

시 창작 강의를 들으러 갔다

난시

가까이 다가갔을 겁니다
그렇게 바짝 들여다보고 있으면 금방 지치고 말지요
초점을 한곳에 모으고 있기란 여간 어려운 일이 아니거든요
인상을 찌푸리는 건 그 때문입니다
길을 걷다가도 자주 발목이 접질렸어요
그런다고 어디 눈 하나 깜박이기나 했게요?
거울을 볼 때마다 눈두덩 가득 고인 충혈을 눈감아 주었습니다
당신이 번져 보이는군요
파스텔처럼 뭉개진
확실하지 않은 확신을 따라왔습니다
새의 안구처럼 그저 애벌레만을 바라보고 싶었습니다
가장 허술한 도수를 주세요
굴절이 심한 게 좋겠습니다
교정을 안 했습니다
병든 눈입니다

제2부

낙과

비가 물러났다

멍든 옆구리에 아직 폭풍이 갇혀 있다

피할 데를 찾지 못해
붙들고 있던 것을 놓지 않으려던
낙과의 목소리는 꺾여 있다
하는 수 없이 더 파랗다

여물어 갈 날 며칠 더 헤아려
흙 묻은 열매들을 내려다보는 아침

뜯긴 손목

하늘에 두고 왔다

핸드 드립

불행이 자주 닥쳤던 너를 만나고 오는 날이면
옷깃에 그을음이 들러붙어 잠을 이루기 힘들었단다
너는 지나온 시간에 인이 박여 한참 동안 고통을 우려내고 있던걸
모진 소용돌이를 견디느라 푹 꺼진 어깻죽지
너의 심장은 내가 가보지 못한 고산지대에 살아서 두근거리며 그토록 멀리 올 것들을 걱정했었는데

새 잔과 받침을 내오며
한 바퀴 뜸을 들이고 난 뒤

너는 마치 완쾌된 상처에서 피어나는 황홀한 꽃내음을 발견한 사람 같구나

경쾌한 산미가 돋보이는 에피소드로 분위기를 바꿀 줄 알고
그리움이라는 쓴맛은 스스로 조절해 가면서
즉흥적인 유머들
잘 익은 관계에서나 나올법한 아로마도 풍겨와

이제 막 추출을 끝낸
꺼내어 보여줄 수 없어 타버릴 지경이던 너의 속마음
내 앞에 조심조심 덜어놓으며

기쁨과 슬픔이 알맞은 비율을 차지하고 있어
바디감이 묵직한
재를 빻아 놓은 듯한 너의 안색으로부터

문어

걱정들을 감당하지 못해 하나하나 떼어냈을까

비늘과 지느러미 다 포기하고
파산신청을 낸 몸뚱이는
어디를 가나 웃음거리여서
어물쩍 도망치기 좋고 물어뜯기기 좋다

볼품없는 몸은 축 늘어졌다
파리처럼 성가신 늙고 어린 호기심들

누가 참견이라도 한다면
고약한 욕설을 뱉어 얼른 피하고 싶을 뿐
어떤 감정과도 시비가 붙고 싶지 않다

내 살을 삼켜 본 적이 있다
얼얼한 포만감이 배를 채워 주었다

막차가 들어오고 나면 대합실도 문을 닫을 것이다

마땅한 표정을 지을 수 없었던 얼굴에서
술병 하나 빙그르르 굴러 나온다

육필

저 망나니 보게
워디서 저런 새끼가 생겨났을까
뭔 배알이 꼬여서 건듯하면 저 지랄을 허고 댕이냔 말여
내가 아주 동네 챙피시려서 뭇 살것다아
사지 멀쩡한 새끼가 왜 맨날 코가 삐뚜러지두룩 처묵고 댕이는지 물러
그 발모가지로 여기가 워디라고 겨들어오는겨어
시상이, 어디 시궁창에라도 자빠졌다 온겨?
내 말 안 들리냐, 엉?
워쩌자고 그러케 화상인지 물러, 참말루
하이고오, 뵈기두 시른 눔

다육

땅에 던진 몸 조각
한 열흘 말라가다가
요충처럼 기어 나와 흙을 빠는 실뿌리
떨어진 손가락 못생긴 발가락
버려진 것들 돋아나
살 어디를 베어놔도 방끗
징그러운 그 이름

미모사

불행을 여러 번 겪어본 사람
잔소리가 많다

어디 건드리기만 해봐

보는 앞에서 콱 죽어버려야지
화창한 어느 날 맥을 탁
까무러쳐야지

모진 말 쏟아놓고 드는 후회

두 팔 밑
가지런히 포개놓은 쓰라림

부끄럽지 않게
등을 보여다오

한숨도 못 자

새파란 충혈

사지가 환부

스스로를 불쌍히 여겨
방패를 세워둘 수밖에

우두커니

안개주의보

안개가 왔다고 당황하지 말 것
그것은 당연한 일이니까
참을성 있게 그 길을 비켜주어야 한다
친절을 모르고
숫기 없음도
안개의 응석을 들어주는 동안
당신은 목적지를 꼭 기억하시길
얼추 차 시간
정류장에 서 있을 땐
기다리던 무언가를 놓치지 마시길

깨진 그릇*

녹나무 관
차디찬 주인
시중드는 소녀

잘 닦은 술잔
기름 항아리
음식은 향기로운데

버선발
공손히 앉아
독이 든 음복

흙이 덮인다

---

*2007년 12월 경남 창녕에서 죽은 지 천오백 년 된 가야시대 여인 순장 인골이 발견되었다. 그 뒤 전신이 복원돼 일반인에게 공개되었는데 당시 16세로 아이를 낳아본 적이 없고, 앞니로 무언가 자르는 작업을 했으며 무릎을 많이 꿇는 생활을 했을 것으로 추정하였다.

규화목

물러진다

그대로 단단하게 남을 줄 알았던 기억
영양제처럼 몸속을 맴돌다가
침묵이나 한숨으로
치환된다

기일이 되면
아버지는 아무도 부르지 않고 제사를 지냈다
최 마리아 이름 석 자를 향해 무릎을 굽혔다
진흙 속에 몸을 푹 담그듯

여기서부터 저만큼
토막 나 있는 생흔

선득한 물관을 지닌
돌의 단면을 쓰다듬는다

석탄 같은 마음 위에
나뭇잎이 내려앉는다

택배*

우체국 소포 상자에 츄리닝으로 돌돌 만 아기를 담았습니다
수신인란에는 고향집 주소를 눌러 적었습니다
몇 년 전 말도 없이 떠나왔습니다
본명이 있습니다
전화는 오래전에 착신 정지되었고요
다 지난 일로부터 날아오는 돌멩이들이 아직 있었습니다
골목에서 쏘아보던 CCTV는 가는 곳마다 저를 탐문했습니다
쉬는 날 없이 알바를 나갔습니다
밑이 빠지게 무겁던 새벽
이슬이 비치며 만삭을 자백했습니다
베니아판으로 둘러친 고시원에서 아기는 산도(産道)를 빠져나갔습니다
작은 입술은 칭얼거렸어요
여기서는 누구도 그렇게 크게 우는 법이 없습니다
우리는 나란히 숨죽여 우는 법을 배웠습니다
도시는 온통 푸르게 멍들어 있군요

지금쯤이면 도착했을까요

---

*2015년 6월 '영아 시신 택배 사건'이 있었다. 생활고에 시달리던 한 여성이 혼자서 출산을 마치고 아이를 살해한 뒤 그 시신을 택배 상자에 넣어 고향의 어머니에게 보냈다. '좋은 곳으로 보내 달라'는 당부가 적혀 있었다고 한다.

풍매

바람이 소나무 커다란 몸을 만진다

노랗게 곤두선 햇가지 끝
공중에 뭉클
그윽하다

먼 먼 곁

가닿아

어루만진다

오래전 당신에게 뛰어들었다가
움직이지 못하는
마음

딱딱하게
맺어 있다

수첩

한 권의 불성실한 삶
꽁꽁 틀어쥐다 간 노인의 누다락 같은
비밀스러운 생애의 겉장을 덮는다
시간은 언제나 넉넉할 줄 알았다
망설임 없이 다음 장을 펼치던
기록은 매번 짧게 전개되었다
한평생을 수집하느라
숱한 무고한 것들을 가둬 놓았다
치부를 감추려는 이의 변명처럼
수첩은 마지막까지 요설을 부린다
비록 주제가 없는 생이었지만
몇 가운데 갈피를 만든 업적은 있다
다 쓴 수첩을 내려놓는다
더는 함부로 벌어지지 않으리라
비로소 침묵을 배워
굳게 다물어진 입술

폐어

헤엄을 멈춘 물고기
가라앉아 바닥을 파고든다

온몸을 끈적한 점액질로 에워싸며
땅속 깊이 구근이 된다

커다란 강은 머지않아 건기를 맞이할 것이다
우기가 찾아와 물이 다시 채워질 때까지
몇 년이고 모습을 나타내지 않을 잠

물고기는 강으로부터 멀어졌으나
여전히 강을 불러들여
떠올리는 것만으로도 미끌거린다

갈라진 땅의 더운 먼지를 들이마신다

입을 크게 한번

벌렸다가
다문다

해풍

이 고장 먹을거리들은 죄다 납작 눌러앉아 있다
누가 틀어놓은 라디오를 건성 듣는다
길에도 번지수를 달 만큼 자리 주인이 있다
장꾼들은 익숙한 얼굴을 알아보고 흥정을 한다
아침나절 울타리 밑에서 거둬온 콩꼬투리를 깐다
나온 김에 침도 맞고 허리에 뜸도 뜬다
출출해지면 귀락당에서 애호박 칼국수나 한 사발
찐빵과 만두는 별미다
시장 끄트머리께로 갈수록 만지작만지작 덤도 훙도 준다
오후 정거장에 해풍이 서 있다
장 구경에 그을려 목이 타는 줄도 모르고
버스가 오는 쪽을 향해 일찌감치 고개를 내밀고 있다

MRI

—세밀화

독널무덤에 누워 헤드폰을 썼다
움직이지 말라는 말은 꽤 통증 같다
저 너머를 향해 귀를 기울였다
메아리가 되어 오면 좋을 말을 생각했다
뚝뚝 부러지는 연필심
머릿속에 지우개 가루들이 떠다닌다
진통제 같은 말에 취해 이런 날이 오곤 한다
진동 혹은 못질
측량하듯
뼈와 장기들을 스케치한다
찾아올 사람 없는데
오래 두드리고 간다
만난 적 없는 이의 노크
관통했다
한참 서성이다 돌아간
판독하기 어려운 메아리

간월도

따개비처럼
붙어 있던 여인들

언 엉덩이를 하나둘 떼기 시작한다

어제보다 해가 짧고
젓갈이 남았다

종일 쪼그려 굴뻑 몇 자루

뻘흙 같은 기미 퍼진 얼굴에
갯바람이 골고루 소금을 친다

자디잔 세월이 뻐째 들었다

억센 가시도 물렁해져
감칠맛을 낸다

어리굴젓이
사곰사곰

그새 익는 시늉이다

해물칼국수

저녁 해가 보기 좋게 걸리는
창문 서너 개를 달아놓고 선장은 닻을 내렸다
칼국수를 주문하면 스끼다시처럼 차려지는 풍경
이 고장은 노을의 명소로 알려져 있다
선장은 창가 자리에 매겨진 시가가 뿌듯하다
어장을 오가며 부지런히 수발을 든다
제멋대로 벗어놓은 신발들을 가지런히 모으고
박하사탕과 이쑤시개를 채워놓는다
테이블 위에 두른 비닐을 한 겹 한 겹 걷어내며
밀물과 썰물이 아무리 들락날락해도 그는 젖지 않는다
푸른 시트지를 붙인 수족관만 한 수심을 내다볼 뿐
바닥에 낀 이끼를 뜯는 활어 곁에
큼직한 고동을 뒤집어쓰고 잠드는 작은 집게가 되었다

제3부

코끼리들의 장례식

새끼를 들어 올려 냄새를 맡는다
조그만 얼굴을 어루만진다
곁에 있던 코끼리들 차례로 받아 든다

무리는 긴 여정을 떠나왔다

어린 것은 결국 일어서지 못했다
멈춰 흔적을 기억하고 있다

곧 폭풍이 올 것이다
나이 많은 코끼리부터 하나둘 앞장선다
경험이 그렇게 일러주었으므로

짓다

빈 문서를 연다
새 문장 하나가 자리를 잡는다
짧지만 근사하다
이런 예고 없음을 환영한다
적절한 전개를 주지 않으면
금세 빛을 잃고 만다
그렇게 놓친 문장이 한둘이 아니다
서랍에 처박아 둔 수첩을 뒤적거린다
역시 쓸 만한 메모를 찾지 못한다
경험들을 살펴본다
떠오르는 낱말과 이미지들
여러 번 지우고 남겨둔다
비대해졌다가 앙상해진다
복잡한 배치와 나열을 시도했다가 풀리지 않는다
어리석음을 택하기 일쑤인 판관이 된다
방향을 놓치고 길을 헤맨다
많은 자화상을 그린다
떠났다가 돌아온

이 페이지에

이름을 지어준다

고장 난 시계

시간의 빙판에 미끄러져
자꾸만 시계를 들여다보았습니다

거기에는 더 이상 아무런 전환점도 표시되지 않았지요
봄의 발자취를 좇던 중이었어요

종종 추위를 인내하지 못하고
남루한 공상으로 만든 땔감에 불을 지폈습니다

거리로 나와 의연히 다리를 묻은 겨울나무들
눈보라를 받아들인 벌판의 비닐하우스는
이듬해의 새순을 피워내고 있던걸요

옛사랑 착한 얼굴 그리워
어린 슬픔들에게 기억의 골동품을 다 내주었습니다

멈춘 바늘은 자꾸만 응달을 향해 기울어져 갔지요
내게도 축대가 필요했던 모양입니다

발이 꽁꽁 얼어붙네요, 너무 오래 서 있었군요
시간이 방생된다고 해서 찾아왔습니다

해묵은 심장도 바꿀 수 있을까요
실례지만 새 지도를 주시겠어요

석류

갓난애 머리만 한 석류
정수리 핏기 마르고 있다
쪼개보니
빈틈없이 빼곡하게
배란하고
완성했다

압화

숨이 뜬다

목을 잘라 누른 얼굴

보랏빛 입술로
통곡

빈 혈관

책갈피
함부로 찍은
쉼표

낙타

다른 계절을 횡단해 본 적 없는
낙타의 지도는 방울뱀처럼 느물거리는 언덕뿐

먼 물 냄새를 맡는다

질경질경 가시풀을 삼키며
폭풍 앞에서 두꺼운 눈꺼풀로 지붕을 낸다

별들 우거진 하늘
낙타는 캄캄한 뱃속에서부터 굳은살 많은 좌표를 배워 왔다

여행자에게 와서 성큼성큼 그의 외로운 등뼈를 빌려주었다

모래 화덕 위에 밥을 지어
사막에서 밤을 보낸 상인들이 낙타를 몰고 도착한다

다 자란 낙타 목에는 오색 구슬이 걸려 있다

묶어 놓았던 한쪽 다리가 풀리고
새 주인을 따라나선다

낙타는 웃는 상이다

눈티

애기 무덤이 많았다던 고갯길 끝에 쇠 무더기 꾸깃꾸깃 모아놓은 폐차장

자바라로 남은 기름까지 뽑아내 더는 오도 가도 못하고 멈춰 섰다

셀 수 없이 많은 이정표들을 지나왔다

깜빡이를 여태 끄지 못한 것은 아직 어딘가를 향하고 싶기 때문일까

처음 견인되어 왔을 때 멋쩍은 마음에 와이퍼를 세차게 흔들었었다

사방에는 바래가는 도색들뿐, 잠깐 졸다가는 쉼터가 아닌 줄 안다

지게차의 도움 없이는 단 한 발짝도 움직일 수 없다니

도어락을 온통 잠그고 싶다, 번호판을 달던 자리가 시렸다, 누런 오일이 졸졸졸 새어 나왔다

닳아가는 방향이 나와 닮은 바퀴를 찾아 한참을 두리번거렸다

유리 닦는 사람

도심이 토해놓은 아우성
여기저기 부딪히다 고층 통유리에 들러붙었다
이력서를 채울 게 없어 울상이던 청년
빌딩 끝에 서 있다
창을 닦는 것이 이 뿌연 세상에 얼마나 의미 있는 일인가
전부를 로프에 매달았지만
아무도 성실을 알아보는 이가 없었다
그가 두른 수건은 하늘의 분실물이 되었다
비누통이 크게 출렁거려도
거리를 오가는 행인들은 스치는 빗방울 정도로 여겼다
창에 불어 터진 새똥이 흘러내렸다

매향(埋香)
—안국사지에서

여래의 발가락 가을볕에 탄다

절터는 허물어졌다

배고픈 숯골

앞바다에 향을 묻어 복을 바라는 제사

젖은 연기 더듬더듬 마을을 흐른다

배바위 언덕 위에 떠서

동쪽을 바라본다

뇌우

국지성 호우가 예보되어 있다

고기압 가장자리
오늘은 어디서든 비를 만날 수 있다

마디 퉁퉁 부은 구름들 절룩이며 다가올 때
외출을 미루고 싶다
남은 우산이 통 보이지 않는다

기다렸다는 듯 주전자에 물을 끓여 차를 내어주는 당신
자기 혈액을 남김없이 녹인
꽃잎이 나를 먹인다

어떤 후회는 한여름에도 뜨거운 물만 마시게 한다

앞치마를 허리에 두르며
내게 벽에 걸린 밀짚모자를 건넨다
당신의 우산꽂이는 비어 있다

토방에 비를 맞고 들어오는 바람의 기척
한 방울도 젖은 적이 없는데
온통 앓은 기분

비는 개울을 넘을 것이다

주변의 물기를 빨아들이듯 서 있는 당신을 두고
눈앞이 번쩍했다

동충하초

누구도 알아보지 못하는 사이

아무런 저항도 없이
세월이라는 균이 침입했다

어느 날 조용히 포자가 발아한다

서서히 관절과 근육을
곧이어 사고와 기억을

양분을 먹고 균사를 뻗어
딱딱하게 메운다

오랫동안 치매가 놓아주지 않던
당신의 몸

꽃 핀다

긴 겨울을 보내고

봄으로 접어든다

소동

난간에 선 사람
그의 욕설은 9층 높이만 한 곳에서 떨어졌다
지나가던 주민의 신속한 신고가 있어
112와 119가 나타났다
그가 주차장에 모습을 드러냈을 때
인상이 하도 선해서 하나같이 놀란 표정을 지었다
그는 마치 찔레 순 같았다
경찰의 지시를 따르며 울먹이기까지 했다
청소차가 와서 오물을 치워간 아침
그의 집에는 한동안 불빛이 오지 않았다

부전나비

손톱만 하다

나비가 들었던 꽃대

비어 있다

아무런 폐도 끼치지 않고
공해도 남기지 않았다

낮은 풀들 사이

회색 카디건을 두르고

탐구생활

노인이 손끝으로 천원을 흔든다
보나 마나 백반 심부름
장대비를 맞은 봉숭아 대가 굵어지는 중이다
이번 여름도 곤충 채집으로 숙제를 해갈 생각이다
작년에 돌려받은 상자를 열었다
개미들이 송장메뚜기의 유해를 실어 나르고 있다
침핀들을 하나하나 빼냈다
노인은 언제나 누에나방 같은 흰 모시옷 차림으로
참나무 아래에서 부채질을 했다
아이들은 사슴벌레를 발견했는지 호들갑이었다
수놈끼리 싸움을 붙였다
노인은 지팡이를 땅에 단단히 짚었다
봉숭아는 잎사귀만 만져도 황토물이 들었다
밤새 비닐에 싸인 채
쪼글쪼글해지는 손가락으로 등을 긁었다
이른 아침 이불 홑청에는 염료로 얼룩덜룩했다
백반 한 갑에 오백 원
심부름 값을 곧장 받지 못했다

입술 언덕이 쓰라렸다
방학이 흐릿해졌다

인터뷰

농부였던 아버지는
까다로운 씨앗을 심었다

멀지 않은 곁에 삽목하며
우리가 뿌리내리기를 기다렸다

꽉 잡아라, 바람이 세차구나
꾹꾹 발목을 묻어주었다

간척지가 내려다보이는 마루에 모여 입당성가를 불렀다
공손한 기도를 가르쳐주고 싶었다

얘야, 겉흙이 자주 마르는구나
아버지의 통화음에는
섬을 지나가는 쓸쓸한 바람 소리가 들렸다

드렁허리가 쑤셔놓은 논둑처럼 허물어지기도 했다
새벽마다 축대를 둘러보고 왔다

저 들녘을 보렴
얼마나 정직한지 모른단다

아버지의 단어들은 낡아
홍미로운 이야기를 찾아 나는 자꾸만 밖으로 휘어졌다

세상에는 아버지만 한 책이 없었다

단 한 권

나는 여태 그를 필사하지 못했다

내 위치는

몇 개의 터널들을 지나왔어
빵과 충전기를 챙겨
같이 와 보고 싶던 곳
사이프러스 묘목이 질서정연한 밭을 지나
한적한 시간을 기다렸어

물때가 돼 땅이 젖어오듯
네가 언젠가 손을 들어 가리켰던 그곳으로
한번은 가볼 거야
그러고 나서 나의 위치를 전송할래
장소가 뜻밖이라고 놀라지 말길

함께할 때도 자주 자취를 감추었지
내 신호는 많은 장애물을 만날 거야
드넓은 밀밭이거나
낙타의 등에서 포착될 수도 있어
아주 혹독한 기후를 지나고 있을지도

이쯤 해서 나의 GPS를 끌게
한없이 다정했던 쉘터여
그만 작별 인사를 나누자
더는 염려하지 않아도 돼
나는 이제 완쾌되어 가고 있으니

몸과 마음

서둘러서 밥을 먹고 나가는 너
나는 반죽해 놓은 볼에 보자기를 덮어둔다

겨우내
너만 보면 그렇게 양말을 신겨주고 싶었다

해설

이 작고 쓸쓸한 것들의 힘

—홍정연 시집 『경험이 그렇게 일러주었으므로』 읽기

오민석(문학평론가·단국대 명예교수)

1.

크고 힘센 것들이 따로 있어서 그것들이 세상을 지배하는 것 같지만, 하늘 아래 피조물 중에 그런 것들은 없다. 설사 크고 힘세 보이는 것들이 있다고 쳐도, 그것은 상대적인 것일 뿐이다. 세상은 온통 작고 약하고 쓸쓸한 것들의 집합이다. 그러니 만일 누군가 이 세상이 돌아가는 법칙을 알고자 한다면, 작고 약하고 쓸쓸한 것의 의미를 탐구해야 한다. 이것을 제외하고, 이런 속성을 제외하고, 인간의 '의미론'을 쓴다는 것은 어불성설이다. "인간은 극복되어야 할 그 무엇"이며 따라서 '초인'이 되어야 한다는 니체의 주장은 절반만 옳다. 인간은 '극복되어야 할 그 무엇'으로 가득 차 있되, 이것들은 절대로 인간이 아닌 상태(초인)에 이르도록 극복되지 않는다. 문학은 극복되지 않는 결핍들의 상세한 목록이며, 그것들보다 불과 조금 나은 미래를 가정할 수 있을 뿐이다. 문학은 이런 점에서 희극보다는 근본적으로 비극에 가깝다.

아리스토텔레스는 훌륭한 비극이 갖추어야 할 조건 중의 하나로 주인공이 반드시 '위대한 사람(great men)'이어야 한다고 주장하였다. 여기서 '위대함'이란 물론 인품이나 사상이 아니라, 사회적 신분이나 권력의 크기를 말한다. 아리스토텔레스를 따르자면 비극에 걸맞은 주인공은 노예나 평민이 아니라 왕, 왕자, 장군, 귀족들이다. 아리스토텔레스의 이런 주장 이후 셰익스피어 시대에 이르기까지 서양 문학의 주인공은 거의 예외 없이 귀족들이었다. 그래서 그 귀족들은, 주인공들은, 그렇게 크고 힘센 것들이었나? 전혀 아니다. 아리스토텔레스가 제시한 비극의 효과란, 신분상 가장 우수한 인간들을 주인공으로 내세워 그들을 비극적으로 몰락하게 함으로써, 무한 능력의 소유자처럼 보이는 그들을 포함하여 모든 인간이 결국 유한하고 (한심할 정도로) 덜떨어진 존재들임을 증명하는 것이었다. 잘나 봐야, 잘난 체 해봐야, 인간은 결국 그 모양, 그 꼴에서 벗어나지 못한다는 것이 고대에서 르네상스에 이르는 서양 비극의 강력한 메시지이다.

홍정연 시인은 이 세계가 작고 약한 것들의 집합이고, 그 유한성이 이 세상 모든 내러티브의 근원적 동력임을 잘 알고 있다. 세계는 결핍의 존재들이 무수한 층위에서 마주치고 섞이며 충돌하고 변화하는 시장이자 각축장이다. 시인은 그 결핍들이 만드는 다양한 주름들 안에서 세계의 가동 원리를 발견하고, 결핍 때문에 죽음의 운명을 피할 수 없는 것들에 대한 연민과 공포를 노래한다.

바지락 한 사발 얻었다

찬 없는 부엌이 소란해진다
부르르 들썩이더니 살이 열린다

밥상 모서리에
당신과 마주 앉아 쌓아 올린 조개껍데기

쓸어모아 마당 한쪽에 던져놓고 들어온다

희끄무레 짙어지는
이 저녁이 그리워 지끌거리는 날 있을까

층층 파묻힌 끼니

띠를 이룬다

—「패총」 전문

홍정연에게 세계는 작고 약하고 볼품없어 보이는 것들의 집합이므로, 스펙터클(spectacle)은 오히려 세계의 본질을 가리는 '빤짝이 옷'에 불과하므로, 그리고 가장 일상적인 것이야말로 가장 본질적인 것이므로, 홍정연은 굳이 스펙터클을 시적 소재로 삼지 않는다. 위 작품에서 홍정연은 기껏해야 마주 앉아 남에게 얻어온 바지락 한 사발이나 까먹는 커플의 지극히 평범한 모습을 보여준다. 홍정연에겐 스펙터클이 아니라, 오히려 이런 장면이 시가 된다. 이 사소한 일로 "찬 없는 부엌이 소란해"질 정도로 이들의 삶은 작고, 조용하고, 평범하다. 그럼에도 이들 삶의 이 순간이 전 우주에서 오로지 이들에게만 있는 유일무이한 것이며, 그래서 매우 절실한 것임을, 시인은 "이 저녁이 그리워 지끌거리는 날 있을까"라는 질문으로 대신한다. 이 작고 특별할 것도 없는 저녁이 너무 그리워 지끌거리는 시간을 앞질러 그림으로써, 시인은 이 사소하다면 사소할 장면이 결코 하찮은 것이 아님을 시사한다. 게다가 "패총"이라는 제목(이들의 이 평범한 삶이 유적이 될 수 있다니!)은, 조개나 까먹는(?), 이 작고 평범한 시간을 인류 문화의 유구한 역사 안으로 끌어들인다. 이 제목 덕분에 커플의 사소해 보이는 일상은 보편적 인류의 다층적이고도 역사적인 자산의 일부가 된다. 그러니 조개를 까먹든 무엇을 하든, 인간이 하는 일 중에 하찮고 사소한 일이란 없다. 그것은 모두 역사, 문화, 사랑, 그리고 상처의 의미로 무거운 기호(sign)들이다.

방아깨비를 밟을 뻔했다

어쩌다 반 토막이 된 채
총명하게 빛나는 눈

수상하다 싶으면 당장에라도 튀어 오르겠지

그러나 검은 피는
그를 바닥에 붙여 놓았다

아무렇지도 않다는 듯
홀로 견디고 있는 사경

—「정적」 부분

죽음이라는 치명적 사건은 어디 먼 전쟁터에서만 벌어지지 않는다. 그것은 생명을 가진 모든 존재의 몸에서 언제든 일어난다. 죽음은 보편적 평균값을 가진 사건이므로 인간에게만 특별히 더 큰 의미가 있는 것도 아니다. 홍정연은 방아깨비의 죽음을 통하여 그 끔찍한 "정적"의 순간을 그려낸다. 화자는 방아깨비를 밟을 뻔했을 정도로 방아깨비와 가까운 거리에서 방아깨비의 죽음을 관찰한다. 사고로 "몸이 반 토막이 된" 방아깨비는 상상도 못 했을 죽음의 그 공포스러운 폭력 앞에서

사태를 제대로 파악조차 못 한 것처럼 보인다. 그것의 눈은 여전히 "총명하게" 빛나고, 그것은 마치 "아무렇지도 않다는 듯" 사경을 홀로 견딘다. 검게 응고된 피로 바닥에 눌어붙어 있는 그것의 몸은 삶에서 죽음으로 넘어가는 순간의 "정적"을 끔찍하게 보여준다. 과연 누가 이것을 하찮은 곤충의 죽음이라고 무시할 수 있을까. 누가 이것을 남의 일이라고 하찮게 여길 것인가. 홍정연 시인은 마치 시의 하이퍼리얼리즘(hyperrealism)을 구사하듯 방아깨비의 죽음을 자세히 오래 들여다본다. 반 토막 난 채 죽어가는 이 작고 연약한 것의 몸에 세상의 모든 죽음이 있다. 이 몸에 죽음의 현실과 죽음의 철학과 죽음의 문학이 덧씌워져 있다. 방아깨비의 몸은 그 자체 거대한 장송곡이다. 모두가 죽는다.

2.

인류세(Anthropocene)와 자본세(apitalocene)의 문제를 해결하는 근본적인 방법은 당연히 인간 중심적이고 자본 중심적인 사유의 틀을 해체하려는 노력에서 시작된다. '만물의 영장'이라는 하이-엔드(high-end) 정체성을 인류에게서 떼어 버릴 때 인류세가 초래한 위기 극복 운동이 시작되고, 자본이 최고의 가치이며 자본이 모든 것을 해결해 주리라는 미신에서 벗어날 때 비로소 자본세의 폭력 해체 운동이 시작될 수 있다.

『트러블과 함께 하기: 쑬루세에서 친족 만들기(*Staying with the Trouble: Making Kin in the Chthulucene*)』(2016)로 국내에도 널리 알려진 도나 해러웨이(D. Haraway)는 현세를 인류세 혹은 자본세라 부르는 대신에 쑬루세(Chthulucene)라는 이름으로 부를 것을 제안한다. 그가 보기에 인류세와 자본세라는 개념은 지나치게 인간(자본) 중심적이며 생물과 물질을 파괴하는 모든 사유와 행위 유형에서 벗어날 '희망의 서사'를 제공해 주지 못한다. 쑬루세라는 용어는 해러웨이의 신조어로서 "손상된 땅 위에서 응답 능력을 키워, 살기와 죽기라는 트러블과 함께하는 것을 배우는 시공간"을 의미한다. 해러웨이는 아무런 대체 서사를 만들지 못하는 인류세를 가능한 한 "짧고/얇게(short/thin)" 만드는 것이야말로 우리의 과업이라고 생각한다. 그에 따르면, 인간/자연(물질, 동물)은 이분법적으로 분리되어 있지 않으며 오로지 분리 불가능한 "자연문화(naturecultures)"만이 존재할 뿐이다. 쑬루세에서 모든 것은 서로 연결되어 있으며 단독 생성이나 자가 생성이 아니라 함께 만들기 즉 '공동 생성(sympoiesis)'의 원리에 의해 움직인다. 이런 세계에서 중요한 것은 지배가 아니라 관계이며 인간과 물질과 동식물은 서로 뒤섞이며 서로를 만드는 '퇴비(compost)'가 되어야 한다. 모든 존재가 관계와 공동 생성으로 만들어지는 "퇴비의 자녀들"이 되려면, 우리는 인간 중심의 수직적 위계가 아니라 트러블과 함께 머무는 수평적 관계를 지향하지 않으면

안 된다.

> 도심이 토해놓은 아우성
> 여기저기 부딪히다 고층 통유리에 들러붙었다
> 이력서를 채울 게 없어 울상이던 청년
> 빌딩 끝에 서 있다
> 창을 닦는 것이 이 뿌연 세상에 얼마나 의미 있는 일인가
> 전부를 로프에 매달았지만
> 아무도 성실을 알아보는 이가 없었다
> 그가 두른 수건은 하늘의 분실물이 되었다
> 비누통이 크게 출렁거려도
> 거리를 오가는 행인들은 스치는 빗방울 정도로 여겼다
> 창에 불어 터진 새똥이 흘러내렸다
>
> —「유리 닦는 사람」 전문

곤충의 죽음을 인간의 죽음에 비해 더 하찮은 것이라 주장할 아무런 근거가 없는 것처럼, 생존하기 위하여 목숨을 건 사투를 벌여야 하는 것 역시 동물들만의 운명도 아니다. 위 작품에서 보듯이 목숨을 건 고층 빌딩 유리 청소 노동자의 "성실을 알아보는 이"는 없다. 그는 엄연한 생계의 논리에 따라, 엄연한 사회적 가치의 분배에 따라, "고층 통유리에 들어 붙"는 운명의 주체가 되었다. 아무도 오르지 않으려 하는 그 높

은 자본의 꼭대기에 그를 올린 것은 별 볼 일 없는 그의 이력서 때문이다. 자본세에서 상품 가치가 없는 인간들은 다른 생물들과 하등 다를 바 없이 목숨을 담보로 한 위험에 노출된다. 거기에 '만물의 영장'만이 갖는 위엄이란 없다. 높이를 알 수 없는 하늘 꼭대기에서 그가 두른 수건은 지상의 분실물이 아니라 "하늘의 분실물"이 된다. 금방 추락이라도 할 듯 그의 "비누통이 크게 출렁거려도" 다른 계급에 속해 있는 사람들에게 그것은 "스치는 빗방울 정도로" 하잖은 일이 된다. 그는 공중의 새와 같은 높이에서 "창에 불어 터진 새똥"을 치운다. 한없이 약하고 작은 노동자의 존재를 통하여 홍정연 시인은 유적 존재로서 인간의 우월성에 대하여 근본적인 질문을 던진다. 작고 약하고 쓸쓸한 것은 인간을 포함한 모든 생물의 보편적 운명이다. 사고로 몸뚱이가 반 토막 난 방아깨비와 새나 날아다니는 하늘 꼭대기에서 목숨을 담보로 일을 하는 노동자의 운명에 무슨 차이의 위계가 있나.

해러웨이의 말대로 인간과 자연은 이분법적으로 분리되어 있지 않으며 '자연문화'의 형태로 연결되어 있다. 인간만이 위대하다는 어떠한 주장도 더 이상 설득력이 없다. 인간이나 자연이나 약하고 작고 쓸쓸한 운명의 주체들이다. 이 약하고 약한 모든 것은 서로 연결되어 있으며, 지배/피지배가 아니라 서로 뒤섞이며 서로를 만드는 '공동 생성'의 상태에 있다. 홍정연은 인간과 다른 피조물들을 작고 약하고 쓸쓸한 '퇴비의 자녀들'로 바라봄으로써 공감의 거대한 평등 지대를 만든다.

헤엄을 멈춘 물고기
가라앉아 바닥을 파고든다

온몸을 끈적한 점액질로 에워싸며
땅속 깊이 구근이 된다

커다란 강은 머지않아 건기를 맞이할 것이다
우기가 찾아와 물이 다시 채워질 때까지
몇 년이고 모습을 나타내지 않을 잠

물고기는 강으로부터 멀어졌으나
여전히 강을 불러들여
떠올리는 것만으로도 미끌거린다

갈라진 땅의 더운 먼지를 들이마신다

입을 크게 한번

벌렸다가
다문다

—「폐어」 전문

폐어(肺魚)란 건기에는 모래펄에 기어들어 부레로 숨을 쉬고, 우기에는 물속에서 아가미로 숨을 쉬는 어종을 말한다. 위 작품은 우기에서 건기로 바뀌는 환경에서 놀라운 적응력을 발휘하며 생명을 유지하는 폐어의 모습을 보여준다. 일반적으로 물고기는 물이 사라지면 죽는다. 물고기에게 물이 사라져 헤엄을 멈춘다는 것은 바로 죽는다는 것을 의미한다. 그러나 폐어는 헤엄을 멈추자마자 바닥을 파고 들어가 "땅속 깊이 구근이 된다". 이 놀라운 변신의 와중에도 폐어는 자신의 온몸을 끈적한 점액질로 에워싼다. 물고기에서 땅속 알뿌리로의 변신 가운데에도 폐어는 물고기의 정체성을 여전히 유지한다. 왜냐하면 건기는 절대로 영원하지 않으며 언젠가는 우기가 돌아올 것이기 때문이다. 갈라진 땅의 더운 먼지를 들이마시면서도 "여전히 강을 불러 들"이는 폐어의 힘에 주목하면서 홍정연 시인이 환기하는 것은 무엇일까. 텍스트의 표면에서 전혀 언급하고 있지 않지만, 시인은 하찮아 보이는 폐어의 이 놀라운 생명력을 통하여—마찬가지로 연약하기 짝이 없는—인간에게서도 이와 같은 강력한 생명력이 존재함을 환기하고 있다고 보아도 된다. 홍정연에게 모든 자연의 비유는 인간의 비유이며, 모든 인간의 비유는 자연의 비유이기 때문이다. 인간과 자연 사이에 이런 공동 생성, 공동 운명의 유대가 없다면, 이 모든 피조물에 관한 언급은 그 자체 아무 의미가 없다.

3.

홍정연 시인은—겉으로 보이는 힘의 강도와 무관하게—근본적인 의미에서 약하고 쓸쓸한 존재들을 어떤 시선으로 바라볼까. 시인은 사소해 보이는 것들의 목록을 열거하지만, 그것들을 향한 공감을 애써 드러내지는 않는다. 시인은 연민과 공포를 독자들의 몫으로 남겨 놓는다. 독자들은 무수한 결핍의 존재들 속에서 다름 아닌 자신을 읽는다.

난간에 선 사람
그의 욕설은 9층 높이만 한 곳에서 떨어졌다
지나가던 주민의 신속한 신고가 있어
112와 119가 나타났다
그가 주차장에 모습을 드러냈을 때
인상이 하도 선해서 하나같이 놀란 표정을 지었다
그는 마치 찔레 순 같았다
경찰의 지시를 따르며 울먹이기까지 했다
청소차가 와서 오물을 치워간 아침
그의 집에는 한동안 불빛이 오지 않았다

—「소동」 전문

사람들이 홍상수 감독의 영화에 몰두하는 이유는 무엇일까. 저마다 다른 이유가 있겠지만 그나마 공통점이 있다면, 그것은 아마도 사람들이 그의 영화에 등장하는 B급 인물들의 B급 서사 안에서 유사한 친족성, 유사 종족의 쓸쓸한 비애를 깊이 느끼기 때문일 확률이 높다. 그렇지 않고서야 스펙터클 히어로들이 판치는 영화판에서 덜떨어지고 한심하고 빈약한 주인공들에게 관객들이 열광할 이유가 없다. 누가 뭐래도 인간은 다른 생물들과 하등 다를 바 없이 결핍의 존재이며 죽음 앞에서 무방비의 쓸쓸한 존재이다.

위 시의 주인공은 왜 높은 아파트 난간에 서서 "소동"을 피운 것일까. 그는 왜 그 높은 곳에서 아래를 향해 "욕설"을 퍼부었을까. 구체적인 이유가 나와 있지 않지만, 적어도 본인에겐 어떤 절실한 이유가 있었을 것이다. 큰 소란일 것을 알면서도, 그리고 그것이 아무런 효과도 없을 것임을 알면서도, 오로지 분노를 이기지 못해 그런 행동을 하는 것이야말로 나약한 존재의 어리석은 태도이다. 그러나 누구도 이런 어리석음의 혐의에서 벗어나지 않는다. 그렇게 해서 해결되지 않을 것을 뻔히 알면서도 부모에게 생떼 놓는 어린애들의 행위는, 어른, 심지어 한 나라의 권력자에게서도 얼마든지 발견된다. 위 시에서 화자를 더욱 놀라게 만드는 것은, 공공장소에서 112와

119를 부를 정도로 큰 소란을 피운 사람의 얼굴이 마치 "찔레순"처럼 "인상이 하도 선"했다는 사실이다. 어찌 보면 그는 너무 선해서 문제를 해결할 합당한 방법을 찾지 못하고 그런 무지몽매한 소동을 벌였는지도 모른다. 경찰의 지시를 따르며 심지어 "울먹이기까지" 하는 그의 모습은 유약하고 어리석고 쓸쓸한 인간 내부의 어떤 보편적인 표정이다.

누구도 알아보지 못하는 사이

아무런 저항도 없이
세월이라는 균이 침입했다

어느 날 조용히 포자가 발아한다

서서히 관절과 근육을
곧이어 사고와 기억을

양분을 먹고 균사를 뻗어
딱딱하게 메운다

오랫동안 치매가 놓아주지 않던
당신의 몸

꽃 핀다

긴 겨울을 보내고
봄으로 접어든다

—「동충하초」 전문

앞에서 도나 해러웨이의 '트러블과 함께 하기'의 개념을 이야기했거니와 이 작품은 인간과 물질, 동물, 식물이 지배와 종속이 아니라 서로 뒤섞이며 서로를 만드는 '공동 생성'의 모습을 완벽하게 보여준다. 시인은 동충하초를 치매에 걸린 노인의 몸으로 은유한다. 동충하초가 겨울에 곤충의 몸에 기생하다가 여름에 버섯 자실체를 형성하는 것과 유사한 방식으로, 이제는 노인의 몸에 들어와 "양분을 먹고 균사를 뻗어" 꽃을 피운다. 동충하초가 곤충이자 동시에 식물인 혼종체(hybrid)라면 노인의 몸 역시 "세월이라는 균"의 침입과 더불어 동물성과 식물성을 동시에 가진 혼종체로 변한다. "오랫동안 치매가 놓아주지 않던/당신의 몸"이라는 구절로 보아 노인의 동물성 몸은 이미 사라졌다. 그는 죽음을 통해 동물성에서 식물성으로, 그것도 "꽃"으로 다시 피어난다. 환경에 따라 변신을 거듭하며 생존하는 유약한 몸의 풍경은 식물이나 동물이나 인간이나 다를 바 없다. 그것들은 죽음과 고투하고 마침내 죽음을 맞이하며 원래의 상태인 무기물로 돌아간다.

높은 벼랑 한가운데
장례를 마친 관이 걸려 있다

하늘과 가장 가까운 곳

죽은 이를 남겨두고
발자국들은 모두 돌아갔다

생전에 쓰던 의자며 숟가락도 함께 매달린다

바람처럼 가벼워지는 육신에게
이끼와 덩굴이 다가온다

—「절벽 묘지」 전문

앞에서 처참하게 죽어가는 방아깨비의 죽음을 바라보며 시인은 "정적"이라는 제목을 달았다. 이 시에선 한 생애를 끝내고 장례 후에 높은 절벽 위에 매달린 관의 모습을 보여준다. '시각적 정적(visual stillness)'이라고 해야 하나. 이 세상의 모든 것과 절연한 채 죽음은 "하늘과 가장 가까운 곳"에 가장 외로운 모습("모두 돌아갔다")으로 멈추어 있다. 이 절체절명의 고립 상태에 도달하기까지 작고 유약하며 쓸쓸한 모든 것들은 얼마나 고통스러운 길을 걸어야 했을까. "생전에 쓰던 의자며 숟가락"이 함께 매달려 있는 모습은, 생명 있는 모든 것들의 싸움이 고작 밥벌이와 휴식을 위한 것이었다는 엄중한 사실을 보여준다. 설사 다른 영성과 지혜의 서사가 있을지라도 그것은 생존을 위한 싸움의 여파에서나 가능했던 일이다. 결국 지상의 피조물은 모두 동등하게 "바람처럼 가벼워지는 육신"의 최종 단계에 도달하기 위해 서로 부딪히고 스며들고 변화하며 서로를 먹여 살리는 '퇴비의 자녀들'이다.

홍정연의 시들은 이 세계의 생명 있는 구성원들이 하나 같이 작고 약하며 쓸쓸한 것들이라는 사실을 누구보다 잘 안다. 권력이나 명예 혹은 사회적 지위의 '빤짝이 옷'으로도 그 유약함은 가려지지 않는다. 죽음의 운명을 향해 가는 작고 쓸쓸한 것들이라는 점에서 인간은 다른 생물들과 하등 다를 바가 없다. 시인이 인간만이 아니라 지상의 다양한 생물에게도 한결같이 따뜻한 시선을 보내는 이유가 바로 여기에 있다. 이 시집에서 인간을 포함한 모든 생물은 부족하지만 죽음의 '절벽 묘지'에 다다를 때까지 시간의 바람에 온몸을 내주며 혼신을 다해 살아간다. 회피할 수 없는 죽음의 운명 앞에서도 생명의 명령에 끝까지 순종하는 이 태도야말로 작고 쓸쓸한 것들의 부정할 수 없는 힘이다.

문학의전당 시인선 403

경험이 그렇게 일러주었으므로

ⓒ 홍정연

초판 1쇄 인쇄 2025년 12월 8일
초판 1쇄 발행 2025년 12월 15일
지은이 홍정연
펴낸이 고영
디자인 헤이존
펴낸곳 문학의전당
출판등록 제448-251002012000043호
주소 충북 단양군 적성면 도곡파랑로 178
전화 043-421-1977
전자우편 sbpoem@naver.com

ISBN 979-11-5896-726-0 03810

*이 시집은 2025년 충청남도, 충남문화관광재단의 후원으로 발간되었습니다.